AF602781

ENTRE DEUX TRAINS

COMÉDIE

Représentée pour la première fois, à Paris, sur le théâtre du VAUDEVILLE, le 21 octobre 1874.

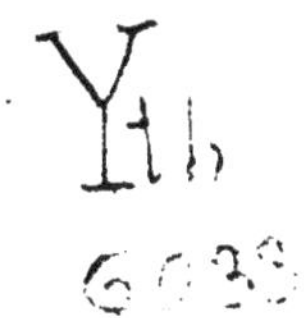

CHATILLON-SUR-SEINE. — IMPRIMERIE E. CORNILLAC

ENTRE
DEUX TRAINS

COMÉDIE EN UN ACTE

PAR

EUGÈNE GRANGÉ & VICTOR BERNARD

PARIS
MICHEL LÉVY FRÈRES, ÉDITEURS
RUE AUBER, 3, PLACE DE L'OPÉRA

LIBRAIRIE NOUVELLE
BOULEVARD DES ITALIENS, 15, AU COIN DE LA RUE DE GRAMMONT

1874

PERSONNAGES

CATILLARD	MM. SAINT-GERMAIN.
LORIOL, caporal dans un régiment de ligne . . .	LACROIX.
JEANNETTE, bonne de Catillard.	Mlles LOVELY.
ANTONIA, cocotte	DAMAIN.

Chez Catillard, à Ville-d'Avray.

NOTA. Les indications sont prises de la gauche du spectateur. — Les changements de scènes sont indiqués par des renvois au bas des pages.

ENTRE DEUX TRAINS

Une salle à manger. — Porte au fond ouverte sur un perron conduisant au jardin. — Dans le pan coupé de droite, la porte d'un cabinet. — Dans le pan coupé de gauche, une fenêtre avec de grands rideaux. — A gauche, au premier plan, une autre porte. — Au fond, à droite de la porte d'entrée, un buffet sur lequel est un petit réchaud à esprit de vin. — A gauche, une petite console sur laquelle sont un flacon et un timbre. — Un canapé sur le devant à gauche. — A droite, une table ronde, et deux chaises. Sur la table sont les restes d'un déjeuner de deux couverts, deux tasses, une cafetière, un sucrier, un flacon de cognac, etc.

SCÈNE PREMIÈRE

CATILLARD, au fond sur le perron, parlant à la cantonade.

Au revoir, chère amie !.. prends ton billet d'aller et retour, et ne manque pas le train de trois heures et demie !

VOIX DE FEMME dans le jardin, appelant.

Jeannette !.. Jeannette !..

CATILLARD, criant.

Jeannette ! voyons, dépêchez-vous donc ! (On entend la corne du cantonnier.) Voilà le train qui arrive à la station.. vous allez le faire manquer à madame.

VOIX DE JEANNETTE, *en dehors.*

Me v'là, monsieur, me v'là !

CATILLARD, *à lui-même.*

Cette fille est d'une lenteur ! (*Tirant sa montre.*) Midi vingt-cinq ! elles n'ont juste que le temps ! (*Haut.*) Allons, bon voyage, ma chérie, et à tantôt ! (*Il envoie un baiser à la cantonade et rentre dans la salle à manger.*) Pauvre chatte ! ça me fait quelque chose de me séparer d'elle. C'est la première fois depuis un mois que nous sommes mariés.. Mais voilà deux jours qu'elle souffre d'une dent... Très-gênant, ce mal-là; en pleine lune de miel, la nuit surtout... ça jette des froids dans la conversation. — Nous avons essayé de tous les calmants : Infusion de pavots... chloroforme. Notre pharmacie a échoué... Alors, ce matin, je lui ai dit : « Ma chère enfant, il faut aller à Paris, faire une visite au dentiste. Tu profiteras de l'occasion pour porter un panier de pêches à ta mère. » J'aime assez les grands parents... quand ils sont éloignés (*On entend le sifflet annonçant le départ du train.*) Oh ! la voilà qui part !.. Je l'aurais bien accompagnée; mais je suis retenu à Ville-d'Avray, pour cause d'adjudication... un terrain que je convoite, derrière mon potager. C'est égal, la journée va me paraître furieusement longue !. Je l'aime tant, ma petite Léonie ! (*Changeant de ton.*) Tiens ! et mon café qui refroidit ! Dépêchons-nous de le prendre !

(*Il s'assied près de la table, se verse du café dans une tasse, et le sucre. — En ce moment, Antonia paraît sur le perron, une ombrelle à la main.*)

SCÈNE II

CATILLARD, ANTONIA *.

ANTONIA, *à elle-même.*

Oh ! c'est lui ! (*Elle ferme son ombrelle et entre dans la salle à manger.*) Bonjour, mauvais sujet !

CATILLARD, *abasourdi, et se levant.*

Antonia !

ANTONIA.

Oui, Monsieur, votre Antonia !

* Antonia, Catillard.

CATILLARD.

Comment toi... vous, ici ?

ANTONIA, gaiement.

J'espère que voilà une surprise !.

CATILLARD.

Oui... oui... (A part.) Quelle ardoise !

ANTONIA, allant poser son mantelet et son ombrelle sur le canapé.

Ah, ça ! mon petit, tu vas m'expliquer ta fugue. Il y a six semaines, tu me dis que tu vas à Vichy pour cause de gastrite. Je coupe dans ces alcalines... et j'apprends hier que tu es installé à Ville-d'Avray.

CATILLARD.

Mais, malheureuse, vous ignorez donc?...

ANTONIA.

Quoi ?

CATILLARD.

Je suis marié.

ANTONIA.

Marié! Ah bah !... Et tu ne m'as pas envoyé de faire part ?

CATILLARD.

Je craignais de te causer une émotion... trop vive !

ANTONIA.

T'es bête !.. Je comprends très-bien le mariage... pour les autres.

CATILLARD.

Alors, vous ne m'en voulez pas ?

ANTONIA.

Moi ? Nullement.

CATILLARD, rassuré et d'un air gracieux.

Cette bonne Antonia !

ANTONIA.

Ce pauvre Catillard !... Comment tu es?... (Riant.) Ah! ah! ah!

Enfin tous les goûts sont dans la nature.. Et ta femme, est-elle gentille, au moins?

CATILLARD.

Charmante!.. adorable!.. Pour elle j'ai rompu compléte-ment avec le passé.

ANTONIA.

Traduction libre : Je suis une gêneuse.

CATILLARD.

Oh! je ne dis pas ça.. votre visite m'est agréable sans doute, mais....

ANTONIA.

Mais tu serais bien aise de me voir filer ?

CATILLARD.

Eh ! bien oui, franchement... Léonie est très-jalouse... Et si elle apprenait que j'ai reçu une femme... une jolie femme, en son absence...

ANTONIA.

Elle n'est donc pas ici ?

CATILLARD.

Non, grâce au ciel! (A part.) Sans ça! (Haut.) Elle vient de partir pour Paris.

ANTONIA.

Oh! alors, je puis me reposer un moment.

Elle prend une chaise et s'assied près de la table. *

CATILLARD, effrayé.

Pas une minute!... pas une seconde!

ANTONIA, se faisant un grog.

Parce que ?

CATILLARD.

Parce que Jeannette peut revenir d'un moment à l'autre.

ANTONIA.

Qui ça, Jeannette ?

* Catillard, Antonia

CATILLARD.

Notre bonne... une Normande bavarde, indiscrète, toute dévouée à sa maîtresse.

ANTONIA.

L'espion du foyer ?

CATILLARD.

Justement! Et si elle vous voyait, ma lune de miel serait menacée d'une éclipse totale. Ah! Dieu, je frémis rien que d'y penser!

ANTONIA, tranquillement.

Ah bah! c'est à ce point-là ? Calme-toi! je serais désolée d'écorner ton bonheur.. On s'en va, mon cher, on s'en va.

Elle se lève et passe à gauche

CATILLARD. *

Pleine de tact, cette Antonia! Vous êtes charmante.

ANTONIA, remettant son mantelet.

Il n'y a qu'une voix là-dessus.

CATILLARD, entre ses dents.

S'il n'y en avait qu'une encore!

ANTONIA.

Vous dites?

CATILLARD, lui donnant son ombrelle. **

Rien!... partez vite... adieu!

ANTONIA, avec malice.

Au revoir! — Tu sais? toujours rue Saint Georges! — Je compte sur ta visite... dans six mois.

CATILLARD, protestant.

Oh!

ANTONIA.

C'est trop ?... Mettons trois.

CATILLARD, la poussant vers la porte du fond.

Adieu.. adieu...! ciel!... on vient! c'est Jeannette!

* Antonia, Catillard.

** Catillard, Antonia.

ANTONIA.

La Cauchoise?

CATILLARD.

Il faut vous cacher.

ANTONIA, riant.

Tiens! ça me changera... moi qui d'ordinaire fais cacher les autres.

CATILLARD, ouvrant la porte de droite.

Entrez là.. dans ce cabinet.

ANTONIA.

Un cabinet noir!.. Ne m'y laisse pas longtemps!

CATILLARD.

Enfermez-vous!... mettez le verrou.

ANTONIA.

Le verrou?

CATILLARD, la poussant dans le cabinet

Vite! vite! la voilà! (Voyant Antonia qui prend le verre où est le grog.) Eh bien, que fait-elle?...

ANTONIA.

Ça pourrait te compromettre!

Elle entre dans le cabinet à droite, dont elle referme vivement la porte. — Jeannette paraît au fond.

SCÈNE III

CATILLARD, JEANNETTE.

JEANNETTE.

Ouf! me v'là, mé!

CATILLARD, affectant le calme, et s'asseyant sur le canapé.

Ah! c'est vous, Jeannette!

JEANNETTE.

Oui, m'sieu... j'viens d'emballer not'dame.. avec l'panier d'pêches... C'était d'un lourd! J'en ai core mal à la saignée!

CATILLARD.

Elle a pris le wagon des dames?

JEANNETTE.

La cage aux poules, comme on dit cheux nous.

CATILLARD.

Hein?

JEANNETTE.

Oh! j'dis point ça pour madame.

CATILLARD.

C'est bien, Jeannette. . Allez à votre cuisine, je n'ai pas besoin de vous.

JEANNETTE.

Monsieur va s'habiller?

CATILLARD.

Oui... non... que vous importe? Occupez-vous de votre ouvrage!

JEANNETTE, à part.

Si j' m'en vas, y n' s'en ira point.

Elle va à la table et s'apprête à desservir.

CATILLARD.

Eh bien, est-ce que vous ne m'avez pas entendu?

JEANNETTE.

Si fait, dà!... M'sieu m'a dit de m'occuper d'mon ouvrage... Eh! ben, le v'là, mon ouvrage... j'enlève l'couvert.

CATILLARD, se levant.

C'est inutile! Vous l'ôterez plus tard.

JEANNETTE, apercevant la tasse pleine.

Tiens!... M'sieu n'a point pris son café?

CATILLARD, embarrassé.

Une distraction... le départ de ma femme... (*A part.*) Comment l'éloigner?

JEANNETTE, regardant la cafetière.

Il est froid... M'sieu veut-y qu'j' le fasse réchauffer?

CATILLARD, à part.

Je tiens le joint! (Haut.) Oui, c'est ça... allez le mettre sur le feu... à la cuisine.

JEANNETTE.

A la cuisine?

CATILLARD.

Et ne le rapportez que quand il sera bouillant... (A part.) Ça me donnera le temps de...

JEANNETTE.

Oh! c'est point la peine d'aller si loin... (Allant au buffet.) avec le réchaud à esprit de vin...

CATILLARD, à part, avec une grimace.

Hagne!

JEANNETTE, prenant le réchaud.

Ça sera bientôt fait, allez!

CATILLARD, à part.

Elle ne partira pas! (Haut.) Non, tenez, décidément, je ne prendrai pas de café ce matin... ça m'agiterait.

JEANNETTE.

Et M'sieu n'a pas besoin d'ça.

CATILLARD.

Comment?

JEANNETTE.

Ça s'voit d'reste.. il n'tient point en place.

CATILLARD.

C'est vrai, je suis un peu nerveux... agacé.... Allons, laissez-moi.

JEANNETTE.

M'sieu m'donnera bé l'temps d'ranger un brin.

CATILLARD.

Plus tard, vous dis-je.

JEANNETTE, rangeant.

Ça s'ra l'affaire d'une minute.

CATILLARD, à part.

Satanée Normande !... Elle n'en démordra pas ! (Haut, avec impatience.) Soit ! dépêchez-vous !

JEANNETTE, sans se presser.

M'y v'là, M'sieu, m'y v'là ! (A part.) S'y pouvait s'impatienter... et filer au jardin.

Elle enlève le couvert très-lentement.

CATILLARD.

Mais vous n'en finirez pas ! Remuez-vous donc un peu !

JEANNETTE.

Pour casser queuque chose ? et pis qu'on me r'tienne ça sus mes gages ? Oh ! nenni !... nenni !...

CATILLARD, à part.

Elle me fait bouillir ! (Haut.) Voyons, je vais vous aider !

JEANNETTE.

C'est point la peine.

CATILLARD, empilant des verres, des assiettes, qu'il met sur les bras de Jeannette. *

Tenez.. les verres.. les couteaux.. les assiettes..

Il en laisse tomber une qui se brise.

JEANNETTE.

Ah ! bon !... une de cassée ! c'est point mé, c'est M'sieu.

CATILLARD.

Ça m'est égal ! Allez, emportez tout ça !

JEANNETTE, encombrée.

Mais c'est trop pour un seul voyage.

CATILLARD, avec colère.

Ah ça ! partirez-vous enfin !

JEANNETTE.

N'vous fâchez point !... j'm'en vas.

CATILLARD.

C'est heureux !

* Jeannette, Catillard.

JEANNETTE, à part, s'arrêtant.

Quoi qu'il a donc pour n'point vouloir décoller d'ici ?

CATILLARD, se retournant et avec impatience.

Eh bien ?

JEANNETTE, vivement.

J'm'en vas, M'sieu, j'm'en vas !

Elle sort par le fond.

SCÈNE IV

CATILLARD, ANTONIA.

CATILLARD, respirant.

Seul ! (Allant frapper à la porte de droite et appelant à voix basse.) Antonia !

ANTONIA, entr'ouvrant la porte.

On peut filer ?

CATILLARD, toujours à voix basse.

Oui... les issues sont libres.. hâtez-vous de sortir !

ANTONIA.

Ah ! bravo !... Je m'ennuyais dans ce trou.

CATILLARD.

Partez !... partez !...

ANTONIA, se dirigeant vers le fond.

Au revoir ! (S'arrêtant.) Ah !

CATILLARD.

Quoi ?

ANTONIA.

La Normande qui revient !

CATILLARD.

Jeannette !... Cachez-vous !...

ANTONIA.

Encore ?

CATILLARD, la poussant dans le cabinet.

Vite donc! (Antonia, en disparaissant, laisse tomber son ombrelle.) Et votre ombrelle? (La porte se referme. On entend mettre le verrou.) Sapristi!... où la cacher? (Voyant paraître Jeannette.) Oh!

Il met l'ombrelle sur sa poitrine et boutonne sa jaquette par-dessus.

SCÈNE V

CATILLARD, JEANNETTE, avec un balai et un plumeau.

CATILLARD

Comment, encore vous?

JEANNETTE. *

Pardi! faut-y point que j'fasse l'ménage?

CATILLARD, avec humeur.

Le ménage.. vous le ferez quand je serai sorti.

JEANNETTE.

Et mon dîner donc?

CATILLARD, grommelant.

Votre dîner.. votre dîner...

JEANNETTE.

Madame jett'rait d'beaux cris, si l'ménage n'étiont point fait, quand elle rentrera.

Elle donne de grands coups de balai à tort et à travers.

CATILLARD.

Mais finissez donc!.. Vous faites une poussière..

JEANNETTE.

Dame! M'sieu, c'est pas ma faute.

CATILLARD, recevant un coup de balai et sautant.

Bon! dans les jambes à présent!..

Dans le mouvement qu'il fait, l'ombrelle glisse à terre.

JEANNETTE.

Excusez!. j'l'ai point fait exprès!

* Jeannette. Catillard.

CATILLARD, se frottant la jambe.

Il ne manquerait plus que ça ! *

JEANNETTE, apercevant l'ombrelle et la ramassant.

Tiens ! Madame qu'a oublié son ombrelle.

CATILLARD, à part.

Oh ! pincé !

JEANNETTE, regardant l'ombrelle.

C'est drôle ! je n'lui connais point celle-là.

CATILLARD, embarrassé.

Non, c'est une ombrelle neuve.. que j'ai achetée d'occasion. (A part.) Je ne sais plus ce que je dis.. (Haut) Voyons, rendez-moi ça !.

JEANNETTE.

N'vous inquiétez de rien, M'sieu... J'la serrerai dans son armoire.

CATILLARD, la lui arrachant.

Mais non ! vous pourriez la salir... je la serrerai moi-même.

Il la met dans le tiroir de la console au fond, à gauche

JEANNETTE.

Comme M'sieu voudra.., il est le maître...

Elle se remet à balayer avec acharnement.

CATILLARD, toussant et éternuant.

Sapristi !... ce n'est pas tenable !... c'est un nuage, un ouragan !

JEANNETTE.

C'est si poussiéreux, c'pays-ci... M'sieu ferait p't'être ben pendant que j'balaye, d'passer au jardin... ou ben dans la salle de billard...

CATILLARD.

Eh bien oui... je m'en vais.

JEANNETTE, à part, avec joie.

Ah !

CATILLARD.

Mais dépêchez-vous !

* Catillard, Jeannette.

JEANNETTE.

Cinq minutes, M'sieu... j'en demande point plus.

CATILLARD.

Cinq minutes, soit ! (A part.) Antonia est verrouillée... je ne risque rien ! (Haut.) Cinq minutes, vous entendez !

Il sort par le fond.

SCÈNE VI

JEANNETTE, puis LORIOL.

JEANNETTE, seule, avec joie, posant son balai.

Enfin !... le v'là parti !... Ça a été dur à arracher ! d'puis c'matin, j'respire pus, quoi ! j'suis sur des charbons... (Elle va ouvrir la porte de gauche et appelle à voix basse) Loriol !

LORIOL, avançant la tête.

On peut s'payer d'lair ?

JEANNETTE.

Oui, venez vite.

LORIOL, entrant en petite tenue de fantassin.

Cré coquin ! En v'là z'une de faction ! J'étouffais là-dedans !

JEANNETTE.

Chut donc !... Pas si fort !

LORIOL.

Deux minutes de plus et je tombais t'en *faïence*.

JEANNETTTE, lui versant à boire *.

Buvez un coup, ça vous r'mettra.

LORIOL.

C'est pas de refus... A vot' santé, jolie Jeannette !

Il boit.

JEANNETTE.

Merci !... Et à c't' heure, décampez.

* Jeannette, Loriol.

LORIOL.

Au pas *gybnastique*... compris!

JEANNETTE, prenant une clé dans sa poche.

T'nez, v'là la clé de la grille, vous la laisserez sur la porte.

LORIOL.

C'est dit! (Il se dirige vers le fond et s'arrête tout à coup.) Ah! nom d'un nom!

JEANNETTE.

Quoi donc?

LORIOL.

Vot' bourgeois qui se promène de long en large dans le jardin, en lisant l'journal.

JEANNETTE.

Pas moyen d' sortir!

LORIOL.

Pristi! la position est vexatoire...

JEANNETTE.

C'est vot' faute aussi!... Pourquoi qu'vous v'nez, sans m' prévenir?

LORIOL.

C'est z'à cause de mes songes de la nuit dernière... J'avais rêvé de vos charmes et...

JEANNETTE.

Et c' matin vous tombez ici comme une bombe.

LORIOL.

Etant du camp de Meudon, n'y a que deux pas et une coulée... mais à peine, en arrivant, si j'avais eu le temps de cueillir un baiser...

JEANNETTE.

Que j'entends m'sieu qui arrive d'un côté, et madame de l'autre.

LORIOL.

Pris entre deux feux, quoi!

JEANNETTE.

Je vous fourre dans le bûcher...

LORIOL.

Ousque j'reste consigné pendant deux heures d'horloge.

JEANNETTE.

Dame! mon maître ne démarrait point de c'te salle.

CATILLARD, en dehors, appelant.

Jeannette! Eh bien, Jeannette!

JEANNETTE.

Ah! miséricorde!... Il vient ici!... Rentrez dans vot' boîte!

LORIOL.

Encore!... à perpétuité donc ?

JEANNETTE, le poussant dans le cabinet de gauche.

Vivement donc!... le v'là!

LORIOL.

Cristi!...

Il rentre dans le cabinet. Jeannette ferme la porte et se remet à épousseter.

SCÈNE VII

CATILLARD, JEANNETTE.

CATILLARD, entrant un journal à la main, et recevant un coup de plumeau.

Aïe!... — Eh bien, voyons, est-ce fini?

JEANNETTE.

Dans l'instant, M'sieu!.. Encore tant seul'ment deux ou trois coups d'plumeau...

CATILLARD, à part.

Ah! une idée!... (Haut.) En voilà assez, Jeannette... Laissez là votre plumeau, et allez m'acheter du tabac.

JEANNETTE.

Du tabac?

CATILLARD, l'imitant.

Du tabac!... Oui, j'ai envie de griller une cigarette.

JEANNETTE.

Bien, M'sieu, ça suffit.

CATILLARD.

Vous savez, c'est dans la grande rue, tout au bout du village.

JEANNETTE.

J'connais, Msieu, j'connais.

Elle remonte.

CATILLARD, à part. *

Enfin!... Elle va me laisser!

JEANNETTE, qui a ouvert un tiroir du buffet et y a pris un paquet de tabac.

Du tabac !... Voilà !

CATILLARD.

Hein?... comment ?...

JEANNETTE.

J'savais qu'M'onsieur n'en avait plus un brin, et ce matin j'en ai acheté en allant à la boucherie.

CATILLARD, à part.

Sapristi !... mon truc a raté !.., (Haut.) C'est bien, donnez .. et laissez-moi finir mon journal !

Il s'assied près de la table.

JEANNETTE, à part.

Le v'là encore qui s'installe ! (Haut.) Est-ce qu'M'sieu n'va point à la mairie... pour son adjudication?

CATILLARD.

Ce n'est qu'à trois heures.., j'ai le temps.

JEANNETTE.

Oui, mais faut d'abord que M'sieu s'habille et...

CATILLARD, avec impatience, se levant.

Ah ça me laisserez-vous tranquille à la fin ?

JEANNETTE, à part.

N'l'asticotons point ! (Haut.) Excusez !... c'que j'en disais, c'était dans l'intérêt de M'sieu.

CATILLARD, réfléchissant, à part.

Cette insistance à m'éloigner... se douterait-elle ?

* Jeannette, Catillard.

JEANNETTE, *à part.*

Qué frime trouver pour l'renvoyer d'ici ?

Elle met le tapis sur la table *.

CATILLARD, *à part.*

Peut-être vaudrait-il mieux tout lui dire.

JEANNETTE, *à part.*

Si j'osais lui avouer ?.... mais j'ose point... voilà !

CATILLARD, *à part.*

Tâtons-la adroitement. (*D'un ton très-doux.*) Jeannette ?

JEANNETTE.

M'sieu ?

CATILLARD.

Venez donc ici .. près de moi.

JEANNETTE, *à part.*

Tiens ! y s'radoucit ! (*Haut.*) Près de vous, M'sieu ?

CATILLARD.

Oui.

JEANNETTE, *à part.*

Quoi qui m'veut donc ? (*Haut.*) Me v'là, M'sieu.

CATILLARD.

Vous êtes une bonne fille, Jeannette.

JEANNETTE.

Dame !

CATILLARD.

De la sagesse, des principes...

JEANNETTE.

Oh ! quant à ça...

CATILLARD.

Oui... oui... je sais à quoi m'en tenir là-dessus.

JEANNETTE, *à part.*

Est-ce que par hasard il aurait des soupçons ?

* Catillard, Jeannette.

CATILLARD.

Cependant il y a des circonstances dans la vie ou, sans être coupable, on a les apparences contre soi.

JEANNETTE.

Oh ! ça, c'est ben vrai, M'sieu... quelquefois, on est innocent...

CATILLARD, renchérissant.

Complétement innocent...

JEANNETTE.

Et les circonstances...

CATILLARD.

Vous accusent.

JEANNETTE.

Voilà ! (A part.) Y s'méfie, c'est clair !

CATILLARD, à part.

Amadouons-la ! (Haut.) Eh ! eh ! cette Jeannette !... elle est très-gentille !

JEANNETTE, étonnée.

Moi, M'sieu !

CATILLARD, la lutinant un peu.

Et avec ça, des détails... beaucoup de détails...

JEANNETTE, à part.

Ah ! mon Dieu !... Loriol qu'est là !... Lui qu'est si jaloux !

On entend du bruit dans le cabinet à gauche.

CATILLARD.

Qu'est-ce que c'est qu'ça ?

JEANNETTE.

Quoi donc, M'sieu ?

CATILLARD.

J'ai entendu du bruit dans ce cabinet.

Il désigne celui de gauche.

JEANNETTE, à part.

C'est lui qui grince ! (Haut. Non, non, M'sieu s'trompe. (Montrant le cabinet de droite.) C'est par là.

CATILLARD.

Par là?... Du tout!...

JEANNETTE.

C'est p't'être ben les souris... Je vas voir...

CATILLARD, se jetant devant le cabinet *.

Eh! non!... inutile!

JEANNETTE, à part.

Tiens... tiens... quoi qu'il a donc?

CATILLARD, à part, réfléchissant.

Les souris!... Mais alors, elle ne sait rien.

JEANNETTE, à part.

Ses paroles de tout à l'heure... et pis c't'ombrelle... Y a queuqu' anguille sous cloche.

CATILLARD, à part.

Décidément, il vaut mieux me taire. (Haut.) Allez, Jeannette... Il faut vous occuper du dîner.

JEANNETTE.

Oh! M'sieu, rien n'presse.

CATILLARD, avec impatience.

Pas d'observations!... et obéissez!

JEANNETTE, à part.

Pus souvent que je m'en irai!

CATILLARD.

Eh! bien... voyons donc!... à votre cuisine!...

JEANNETTE.

C'est bon, M'sieu... j'y vas... (Elle fait quelque pas vers la porte du fond, puis s'arrête en poussant un cri.) Ah!

CATILLARD.

Qu'y a-t-il encore?

JEANNETTE, feignant de chanceler.

Ah!... miséricorde!... la tête me tourne... je ne me sens point à mon aise.

* Jeannette, Catillard.

CATILLARD.

Allons, bien! autre histoire! (A Jeannette.) Qu'avez-vous?

JEANNETTE.

Je n' sais point, c'est dans la tête... et pis l'estomac.... et pis les jambes.

Elle s'assied sur le canapé.

CATILLARD.

Allons, ça va se passer... le grand air vous remettra.

JEANNETTE.

Ah! je m'sens ben mal!... ben mal!... Et si M'sieu était assez bon pour aller qu'rir le médecin.

CATILLARD.

Le médecin!... Etes-vous folle?... pour un étourdissement?

JEANNETTE, à part.

Ça n'mord point!

CATILLARD.

Il s'agit de respirer quelque chose... (Cherchant.) des sels, du vinaigre... (Avisant un flacon sur la console et à part.) Oh! le chloroforme! quelle chance que Léonie ait eu mal aux dents. (Revenant à Jeannette.) Tenez, reniflez-moi ça, fort... fort!...

JEANNETTE, d'une voix dolente.

Qu'est-ce que c'est qu' ça, M'sieu?

CATILLARD, lui mettant le flacon sous le nez.

C'est pour vous remettre... Eh bien comment vous trouvez-vous?

JEANNETTE.

Point mieux.

CATILLARD.

Reniflez toujours!

Il lui frotte les tempes avec du chloroforme qu'il verse sur son mouchoir.

JEANNETTE, commençant à s'endormir.

Ah! mon Dieu!... c'est drôle, j'suis tout engourdie... je... je...

Elle s'endort.

CATILLARD.

Ça y est !... bravo !... Ouf !... je suis en nage... (Il se frotte la figure avec son mouchoir.) Vite... délivrons la prisonnière !... (Il se dirige vers le cabinet de droite et chancelle.) Eh ! bien... eh ! bien... je ne me soutiens plus... je... c'est le chloro... le chlo...

Il tombe sur une chaise près de la table et s'endort.

SCÈNE VIII

JEANNETTE, CATILLARD, endormis, ANTONIA, puis LORIOL.

ANTONIA, entr'ouvrant la porte de droite *.

Je n'entends plus rien... (Entrant avec précaution.) Essayons de... (Apercevant Jeannette.) Oh ! la bonne !... Tiens ! elle dort... (Apercevant Catillard.) Et lui aussi... c'est drôle ! qu'est-il donc arrivé ?... Je n'y comprends rien... N'importe ! Profitons-en pour filer... ah ! et mon ombrelle ? (Elle la cherche.) Bah ! il me la rapportera !... Partons !...

Elle sort par le fond ; au même moment, la porte de gauche s'ouvre doucement, et Loriol avance la tête.

LORIOL **.

Motus dans la chambrée !... (Entrant et voyant les deux dormeurs.) Tiens !... ils ronflent ! J'y comprends rien ! C'est égal, par file à gauche, arche ! (Il va pour sortir et revient.) Cré coquin ! la bourgeoise qui vient par ici. (Dans son trouble, il a tourné sur lui-même et se trouve près du cabinet de droite.) C'est pas mon local... Bah !.. celui-là ou un autre .. (Entendant venir.) C'est elle !... éclipsons-nous !

Il disparait dans le cabinet et referme la porte.

ANTONIA, revenant du fond.

Encore une anicroche !... la grille est fermée... Impossible de sortir ! si encore je savais où trouver la clé... (Regardant Jeannette.) Cette fille l'a peut-être dans sa poche... Voyons donc. .

* Jeannette, Antonia, Catillard.

** Jeannette, Loriol, Catillard.

en m'y prenant bien doucement... (Elle va à Jeannette. Celle-ci fait un mouvement.) Elle s'éveille !... ah ! fichtre !

Elle se jette dans le cabinet de gauche dont la porte est restée ouverte, et la referme vivement.

SCÈNE IX

CATILLARD, JEANNETTE.

CATILLARD, éternuant. *

Atchim !... (S'éveillant.) Où suis-je ?... Ah ! je me souviens... Le chloroforme... je me suis enferré... Pourvu que Jeannette... (Allant à elle et la regardant.) Non, elle dort encore... Profitons de son sommeil pour faire évader...

Il va à droite pour ouvrir.

JEANNETTE, éternuant.

Atchim !

CATILLARD, s'arrêtant et à part.

Sapristi !... trop tard !...

JEANNETTE.

Tiens !... je m'étais assoupie !

CATILLARD.

Oui... un malaise... une indisposition...

JEANNETTE, à part.

Il n'sait rien... (Se levant.) Ah ! jarni !... on dirait qu'j'ai des millions d'fourmis dans les mollets.

CATILLARD.

Pour vous dégourdir, vous allez monter à ma chambre.

JEANNETTE.

A vot' chambre ?

CATILLARD, tirant sa montre.

Trois heures dix !... l'adjudication est commencée. (A Jean-

* Jeannette endormie, Catillard.

nette) Dépêchez-vous d'aller chercher mon patelot, mes bottines.

JEANNETTE.

Vot' paletot et vos bottines ? Y sont là.

CATILLARD.

Là ? où ça, là ?

JEANNETTE, désignant le cabinet de droite.

Dans c'cabinet.

CATILLARD.

Mais non... vous ne savez ce que vous dites...

JEANNETTE.

Pardon, M'sieu, c'matin j'les ai descendus pour les brosser... et je les ai serrés là dedans...

Elle s'approche du cabinet *.

CATILLARD, voulant l'empêcher d'ouvrir.

C'est bon... je les prendrai moi-même...

JEANNETTE.

Oh ! non, M'sieu, je n'souffrirai point...

Elle ouvre la porte.

CATILLARD, à part.

Sapristi ! Tout est perdu !

SCÈNE X

Les Mêmes, LORIOL **.

LORIOL, entrant.

La consigne est levée ? (Voyant Catillard.) Oh !

JEANNETTE, stupéfaite et à part.

Loriol !

* Catillard, Jeannette.

** Jeannette, Loriol, Catillard.

CATILLARD, très-surpris.

Un fantassin !

JEANNETTE, à part.

Comment qu'y s'trouvait là ?

LORIOL, faisant le salut militaire.

Pardon, excuse, bourgeois, j'étais t'en permission, et en passant par ici...

CATILLARD, à Jeannette.

Comment ! Vous recevez des militaires ?

JEANNETTE, suppliante.

N'vous fâchez point, M'sieu... c'est mon pays... mon prétendu...

LORIOL.

J'ai promis de l'épouser en quittant les drapeaux.

CATILLARD, à part.

Je tiens le joint ! (A Jeannette.) Un pareil scandale chez moi !... dans mon foyer !... allez faire votre malle, mademoiselle !

JEANNETTE, pleurant.

M'sieu me chasse ?

LORIOL.

Oh ! bourgeois, c'être bien sévère !

CATILLARD, sans l'écouter.

Allez, Jeannette, allez !

LORIOL, à Jeannette. *

Ne pleurez pas, mamzelle !... Le 16e de ligne vous reste .. il veillera sur vous !...

CATILLARD, furieux.

Sortez !... sortez donc !

LORIOL, bas à Jeannette.

J'vas vous attendre dans le jardin.

* Jeannette, Loriol, Catillard.

JEANNETTE.

Chassée!... Ah ! mon Dieu !

Elle sort en pleurant avec Loriol.

SCÈNE XI

CATILLARD, puis ANTONIA.

CATILLARD, seul.

Enfin, m'en voilà débarrassé!.... mais Antonia?... (Il regarde dans le cabinet de droite.) Personne!... Je devine... Elle aura décampé pendant que nous dormions... Ah! je respire!...

La porte de gauche s'ouvre et Antonia passe la tête.

ANTONIA, appelant.

Pst!...

CATILLARD.

Elle!... vous étiez là ? (A lui même.) Ils avaient permuté!

ANTONIA *.

Peut-on sortir enfin ?

CATILLARD.

Oui... oui...

ANTONIA, entrant.

Ah! ça n'est pas malheureux! J'en ai assez des arrêts forcés! moi qui étais venue pour prendre l'air de la campagne!

Elle va pour sortir.

CATILLARD.

Et votre ombrelle?...

ANTONIA, s'arrêtant.

Ah! c'est vrai .. j'oubliais...

CATILLARD.

Diable!... je tiens à vous la rendre... Ce serait une pièce de conviction. (En parlant, il s'est approché de la console, mais en ouvrant le tiroir, sa main gauche appuie sur un timbre qui sonne.) Oh!

ANTONIA.

Maladroit!

* Antonia, Catilliard.

CATILLARD, lui donnant l'ombrelle.

Voici l'objet! filez!

JEANNETTE, en dehors.

Me v'là, M'sieu, me v'là!

CATILLARD, effrayé.

Jeannette!

ANTONIA.

Parbleu! c'est vous qui sonnez.

CATILLARD, la poussant vers la fenêtre à droite.

Là, derrière le rideau!

Antonia se blottit derrière les rideaux de la fenêtre; mais Jeannette a paru et l'a vue.

SCÈNE XII

CATILLARD, ANTONIA, cachée, JEANNETTE, puis LORIOL.

JEANNETTE, à part.

Oh! (Haut.) M'sieu a sonné?

CATILLARD, avec colère.

Non!... Que voulez-vous?... Que venez-vous faire ici?

JEANNETTE, s'asseyant près de la table *.

Je viens attendre madame.

CATILLARD.

L'attendre? et pourquoi?

JEANNETTE.

Pour tout lui conter, donc!

CATILLARD.

Hein?

JEANNETTE.

Ah! M'sieu me flanque à la porte parce que je r'çois mon

* Antonia cachée, Catillard, Jeannette.

prétendu, et y reçoit une étrangère en l'absence de sa femme !

CATILLARD, avec force.

Ce n'est pas vrai !

JEANNETTE

Je l'ai vue ! (Désignant la fenêtre.) Elle est là !

CATILLARD, à part.

Pincé !

ANTONIA, se montrant et riant.

Ah ! ah ! ah !... vous êtes pris, mon bonhomme !

LORIOL, paraissant au fond avec la malle de Jeannette et à part.

Du *sesque* !

ANTONIA, à Catillard.

Ce que vous avez de mieux à faire, c'est de fermer les yeux.

CATILLARD.

Moi ?

ANTONIA.

Voilà ce que c'est que de ne pas envoyer de faire-part aux anciennes !

CATILLARD.

Allons... je pardonne.

JEANNETTE, avec joie.

Vrai ? Vous me gardez à vot' service ?

CATILLARD.

Il le faut bien !

LORIOL, posant la malle à terre et s'approchant. *

Et sans vous commander, bourgeois, vous me permettrez de venir la voir, de temps à autre ?

CATILLARD.

Soit !... mais partez !... allez-vous-en !

LORIOL.

Suffit ! on s'en va !... Salut, bourgeois ! au revoir, Jeannette !

* Antonia, Catillard, Loriol, Jeannette.

ANTONIA.

Et moi aussi je file. (A Loriol.) Votre bras, militaire.

LORIOL.

Avec plaisir! (A part.) Cré nom! j'ai de l'avancement!

JEANNETTE, avec jalousie.

Comment!... ils s'en vont ensemble!

ANTONIA *.

Oh! jusqu'à la grille... inclusivement.

On entend la corne du cantonnier annonçant l'arrivée d'un train .. —Musique de scène jusqu'à la fin.

CATILLARD, tirant sa montre.

Quatre heures!

JEANNETTE.

V'là madame qui arrive!

CATILLARD.

Vite, vite, décampez!

ANTONIA.

En voilà une partie de campagne!

Elle sort avec Loriol.

CATILLARD, s'essuyant le front.

Ah! que d'émotions!... Surtout, Jeannette, pas un mot à madame!

JEANNETTE.

Craignez rien, M'sieu .. je s'rai muette.

CATILLARD.

Vous me le jurez?

JEANNETTE, étendant le bras.

Foi d' Normande!

* Catillard, Antonia, Loriol, Jeannette.

FIN

CHATILLON-SUR-SEINE. — IMPRIMERIE E. CORNILLAC

www.ingramcontent.com/pod-product-compliance
Ingram Content Group UK Ltd.
Pitfield, Milton Keynes, MK11 3LW, UK
UKHW021028260726
13994UKWH00005B/2026

9 782329 377544